はじめに

　どんなジャンルの料理のシェフも、仕入れた食材を大切に使い、それらを余すことなく使いきる天才です。きっと、家庭の主婦の方々も同様のテクニックをお持ちだと思います。一方で、働く女性、一人暮らしの男性のなかには、買ったはいいけどつい忙しくて使いきれない……など、もったいない思いをしたことがある方もいらっしゃるでしょう。そんなとき、そんな方々にとって参考になるようなお料理、より手間暇省いても美味しくできるお料理を、この本ではご紹介したいと思います。

　僕は、イタリアンのシェフです。お店にはもちろん定番のメニューがあります。でも、常連のお客様たちは、あれ食べたい、これ食べたいと、果敢にリクエストしてくださいます。そんなときは冷蔵庫にあるものを使い、最大限に頭を振り絞って、お客様が食べたいとおっしゃるお料理をお出しします。そのときみせるお客様の笑顔がたまらなく好きです。

　またどのお店も、仕入れた食材の端材やちょっとだけあまったもの、賞味期限が切れそうなものを使ってまかないにしたりしています。そんな毎日を続けていると、いろいろなアイディアが生まれてきます。その発想をもとにこの本では、冷蔵庫によくある食材と、多くの家庭で買い置きしている調味料や保存用食材を使って、応用範囲の広いお料理のレシピを掲載しています。もちろん、僕が作るのですから、イタリアンです。なかには思い切り和風食材を使ったものもありますが、こんな風にしたらイタリアンになるというアイディア、ぜひ応用してみください。

　毎日の食卓が、また毎日の晩酌タイムが、そして誰かと食事をともにする時間が、この1冊で充実しますように！

オステリア ラ ブーカ ディ ミタ
横山修治

本書の特徴

❶ 一般的に冷蔵庫や食材庫に買い置きしてありそうな食材や調味料を使っています。

❷ 主な調理方法別に、Part1～5を構成しています。またPart6では、お酒の後の〆などにオススメの一品を紹介しています。

❸ レシピの分量については、1人分または最小量で記載しています。使用する材料の量や作りたい人数分によって分量を調整してください。

❹ 作り置き料理の日持ち日数については、冷蔵庫で保存して4日を目安にしてください。特にそれ以上に日持ちがするものについては、各ページに記載しています。

❺ 各レシピには、作り置き、ごはん、おつまみ、おもてなしの4つからオススメのシチュエーションをインデックスで示しているので、参考にしてください。「ごはん」は主食もしくはおかずになるものです。

❻ 各レシピのうち、相性のいいワインなどを著者の観点から示しているものもあります。ワイン選びの参考にしてください。なお、ワインについてはすべて辛口を基本にしています。

- **ビール** _Birra Birra
  ビール全般

- **スプマンテ** _Spumante Spumante
  スパークリングワイン

- **白ワイン** _Vino Bianco Vino Bianco
  フレッシュ 爽やかな酸味のある白ワイン
  トロピカル 桃やパイナップルなど濃厚なフルーツ感のある白ワイン
  リッチ 樽香を感じる風味豊かな白ワイン

- **赤ワイン** _Vino Rosso Vino Rosso
  ライト 明るい色合いで、軽く心地いい果実味がある赤ワイン
  凝縮感 濃厚な色合いで、果実味がぎゅっと凝縮した赤ワイン
  タンニン タンニン（渋み）を強く感じる赤ワイン
  エレガント 口当たりがとてもなめらかで、上品な赤ワイン

イタリアの調味料と本書で使う調味料

　日本に味噌や醤油という独自の調味料があるように、世界各国にもさまざまな独自の調味料があります。

　イタリアは特に、イタリアの特産物や加工・保存食品として製造されたものを食べるだけでなく、調味料的にも使うのが特徴です。

　たとえば、イタリアといえばトマト。もちろん日本のようにサラダとして食べることもあります。とても多くの種類があり、ミニトマトのようなチェリートマトなどは、パスタのソースや加熱する野菜料理の味付けに使われます。同様に、特産物的なものでよく知られているのが、アンチョビやチーズ。こちらは保存食品でもあり、そのまま食べられるものでもあり、またアンチョビ風やチーズのソースなど、調味料的にも使用されています。ほかにも、バルサミコ酢、ボッタルガ（カラスミ）、乾燥ポルチーニ茸、オリーブの瓶詰、またフレッシュハーブ各種など。オリーブオイルもそう。サラダには欠かせませんし、味のアクセントとしてお料理の仕上げに回しかけたりします。

　こういったものがそろっていれば、万全を期してイタリアンに挑戦してもらえますが、日常的にそろえておくのは難

しいですよね。本書では、近所のスーパーやコンビニでも買い揃えやすいものでアレンジしています。

- 塩（岩塩や海塩がオススメ）
- コショウ（粗挽きブラックペッパー）
- オリーブオイル
- アンチョビ
- タカノツメ
- ワインビネガー（→酢でも代用可）
- 固形スープの素
- ドライハーブ

また、食材も一般的なスーパーで購入できるものを中心に構成しています。

冷蔵庫にある食材、いつも使っている調味料で、簡単にイタリアンを楽しんでください！

本書には記載が出来なかった「プレミアム・レシピ」1000円相当を読者全員に無料プレゼント！

本書をご購入くださった読者の皆さまだけに、横山シェフのプレミアム・レシピを無料でプレゼント致します。

季節感あふれるメニュー、よりイタリアらしい食材を使ったメニューなど、本書で紹介したレシピとはひと味違ったイタリアンをお楽しみ頂けます。

- 3分で冷蔵庫の食材から イタリアン (premium)
- お家で本格イタリアン (premium)

アクセスは右記QRコードから。無料でプレゼントしていますので、今すぐダウンロードしてこちらのメニューもぜひ作ってみてください。

Contents

Semplici ricette con ingredienti che avete nel frigorifero.

はじめに 2
本書の特徴 3
イタリアの調味料と
本書で使う調味料 4

Part 1 Mescolare　P.9　混ぜる

なんでもサラダ 10
オレンジ風味のファルファッレ ... 12
キウイカップでイカのタルタル ... 14
ケッカソース 16
ディップ盛り合わせ 18
オリーブペースト 20
みそディップ 21
たくあんディップ 22
ツナディップ 23
オープンサンド 24
豆腐のアンチョビガーリック ... 26
パンのサラダ 28
お米のサラダ 30
トマトと茹で卵のサラダ 32

Part 2 Marinare
マリネする

P.35

- マリネ盛り合わせ ……………… 36
- 白身魚のマリネ ………………… 38
- タコのマリネ …………………… 39
- ニンジンサラダ ………………… 40
- 豆のサラダ ……………………… 41
- エビのオレンジマリネ ………… 42
- パスタのクスクス風 …………… 43

Part 3 Cuocere
煮る、煮込む

P.45

- ニンニクスープ ………………… 46
- キノコのスープ ………………… 48
- ミネストローネ ………………… 50
- 夏野菜のシチュー ……………… 52
- キノコ煮込み …………………… 54
- 豆の煮込み ……………………… 56
- 魚のリエット …………………… 57
- 豚肉のリエット ………………… 58
- インゲンとベーコン煮込み …… 59
- 煮込みおつまみ盛り合わせ …… 60

Part 4 Al Forno　P.61

焼く

- シラスの卵蒸し 62
- 海藻の揚げピッツア 64
- クリスピー・パルミジャーノ 66
- トマトのオーブン焼き 68
- 納豆と油揚げのトマトソース..... 70
- バナナの生ハム焼き 72
- 焼リゾットのブロードかけ 74
- パンのケーキ 76
- リンゴのケーキ 78
- アイスクリームパン 80

Part 5 Frittura　P.83

炒める

- ダイコンのオープンラザニア 84
- 炒もの盛り合わせ 86
- 小松菜シラス炒め.................... 87
- カリフラワーのアーリオオーリオ
- ペペロンチーノ 88
- ピリ辛エビ 89
- ブロッコリーの
- アンチョビガーリック 90
- タコキャベツ........................... 91
- ナスのローズマリー風味........... 92

Part 6 Pasta e Riso　P.95

- カポナータごはん 96
- 豚肉のペペロンチーノ丼 98
- アンチョビ風味のリゾット 100
- そばパスタ 102
- スープ仕立てのカペッリーニ... 104

〆の一品

- イカの塩辛パスタ 106
- 明太子とキャベツの
- ペペロンチーノ 108
- 野沢菜のパスタ 110

Column

- サングリア 34
- ガーリックオイル、唐辛子オイル 44
- リコッタチーズ 82
- トマトソース 94

Part 1 Mescolare
混ぜる

Part **1** Mescolare

なんでもサラダ
(インサラトーナ)

冷蔵庫のコレで！

野菜

瓶缶食品類

インサラトーナは、いろいろな具が入っている大盛りサラダ。
イタリアでは、これでランチを済ませる人もいます。
おつまみに、ごはんのおかずにもなる一品です。

▍材料 (1人分)

緑の葉もの野菜	3枚くらい
トマト	1/2個
モッツァレッラチーズ	25g
》他のチーズでもOK	
オリーブ	4粒
ツナ缶(小)	1/2缶
キノコ煮込み(P.54)	大さじ2
》ザワークラウトなどでもOK	
バルサミコ	小さじ1/2
オリーブオイル	小さじ1
塩・ブラックペッパー	少々

▍作り方

❶ 野菜類、モッツァレッラチーズは食べやすい大きさに切る。

❷ 大きなボウルに①とオリーブ、油(水気)を切ったツナ、キノコ煮込みをざっくり混ぜる。

❸ 塩、ブラックペッパー、バルサミコ、オリーブオイルをかけていただく。

Consigli dello chef

野菜やハム類、チーズ、オリーブやツナなど、お店や家庭によって入れる具はいろいろ。冷蔵庫にあるもので、オリジナルのアレンジをしてみましょう！

Insalat

| 相性のいいお酒・ワイン | Birra | Spumante | Vino Bianco ・フレッシュ | Vino Rosso ・ライト |

Part 1 Mescolare

オレンジ風味のファルファッレ

冷蔵庫のコレで!

柑橘類

シチリアで巡り合った一皿。蝶々の形のショートパスタを使います。柑橘類のほのかな甘さや爽やかさ、酸味が絶妙にマッチした、デザートみたいなパスタ料理です。

‖ 材料 ‖(1人分)

- ファルファッレ 60g
  - ≫ その他ショートパスタでもOK
- ヨーグルト 30g
  - ≫ リコッタ、マスカルポーネ、クリームチーズでもOK
- オレンジ 1/4個
  - ≫ レモンでもOK

‖ 作り方 ‖

1. ファルファッレを塩を加えた湯で茹で、水気を切る。
2. ボウルに①とヨーグルト、オレンジのしぼり汁を入れて混ぜる。
3. 盛り付けには好みでオレンジのスライス(分量外)やミントやバジル、イタリアンパセリの葉(分量外)を飾る。

Farfalle all'

Consigli dello chef

ヨーグルトの代わりにチーズを使えば濃厚な味に。最後に柑橘類の皮をすりおろしてちりばめたり、果肉を刻んで②に混ぜると、より香り高くなりますよ。

相性の いいお酒・ ワイン	Spumante	Vino Bianco
		・フレッシュ ・トロピカル

Arancia

Part 1 Mescolare

キウイカップで イカのタルタル

冷蔵庫のコレで！

果物

甲殻類

イタリアでは食事の材料に果物を使うことがしばしば。
これは僕のオリジナル。イカをキウイフルーツの爽やかな酸味と塩だけの
シンプルな味付けでいただきます。

Kiwi con Tart

|| 材料 || (1人分)

イカ（細切り）..............................30g
キウイフルーツ..........................1/2個
塩..少々

|| 作り方 ||

❶ キウイフルーツは半分に切り、中を少しくり抜いてカップを作る。
❷ くり抜いたキウイは粗みじん切りにする。
❸ ②とイカをよく混ぜ、塩で味を調える。
❹ ③を①のカップに盛る。トマト（分量外）を刻んで添えてもOK。

Consigli dello chef

キウイフルーツだけでなく、オレンジやグレープフルーツ、リンゴやマンゴーなどでもお試しを！ 甘味の強いフルーツを使う場合には、レモン汁を少し加えましょう。オリーブオイルを少したらしてもいいですよ。

Part **1** Mescolare

材料や作り方はとてもシンプル。
作っておくと、
いろいろなものに応用できる
作り置きソースです。

ケッカソース

冷蔵庫のコレで！

野菜

ハーブ類

Salsa di Checca

写真は4人分

|| 材料 ||（1人分）
トマト（小）（粗みじん切り）..............1個
バジルの葉.....................................2枚
　　　　　　　　　≫ドライでもOK
ニンニク（みじん切り）................1/2片
オリーブオイル........................大さじ1
塩...少々

|| 作り方 ||
❶ トマトとニンニク、細かく刻んだバジルをボウルに入れる。
❷ 塩で味を調え、オリーブオイルを加えてよく混ぜる。

Consigli dello chef

P.17のソテーした鶏肉や揚げ焼きにした魚のフライのソースやP.18のブルスケッタに使えるほか、茹でたスパゲッティと混ぜて冷たいパスタに、また火にかけて温かいパスタにもできます。

作りおき　ごはん　おつまみ　おもてなし

応用編
Consigli dello chef

Consigli dello chef

鶏肉のケッカソース

食べやすい大きさに切った鶏もも肉に軽く塩・コショウをし、オリーブオイルを軽く引いたフライパンで焼く。器に盛って、ケッカソースを添える。

メカジキのフライ ケッカソース

メカジキの切り身に軽く塩・コショウをし、小麦粉→溶き卵→パン粉の順につける。たっぷりのオリーブオイルを引いたフライパンを弱火にかけ、メカジキを揚げ焼きにする。器に盛って、ケッカソースを添える。

相性のいいお酒・ワイン | Birra | Spumante | Vino Bianco | Vino Rosso
・フレッシュ ・トロピカル | ・ライト

Per Aperitivo!
ディップ盛り合わせ

- みそディップ P.21
- たくあんディップ P.22
- ケッカのブルスケッタ P.16
- ツナディップ P.23
- オリーブペースト P.20

食事前のおしゃべりタイム。
クラッカーや
野菜スティックと
一緒にどうぞ！

オリーブペーストのブルスケッタ P.20

相性の いいお酒・ワイン	Birra	Vino Bianco	Vino Rosso
		・フレッシュ ・トロピカル	・ライト

Part **1** Mescolare

Paté di Olive | 作りおき

オリーブペースト

冷蔵庫のコレで！

瓶缶食品類

種抜きオリーブをフードプロセッサーに
かけるだけの、簡単ペースト。
クラッカーやパンと一緒にいただくほか、
サラダのドレッシング代わり
にも使えます。

‖ 材料 ‖
黒＆緑オリーブ（種なし）............... 8粒
ケイパー............................. 小さじ1/2
アンチョビフィレ 1切れ
オリーブオイル......................... 大さじ1

‖ 作り方 ‖
❶ 材料をすべてフードプロセッサーに
かけ、ペースト状にする。

Consigli dello chef
フードプロセッサーがない、または分量が少なくてフードプロセッサーにかけられない場合は、すべての材料を一緒にしてまな板の上でたたき、器に移してオリーブオイルを入れ、混ぜましょう。

みそディップ

冷蔵庫のコレで!

チーズ　　みそ

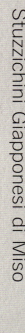

Stuzzichini Giapponesi di Miso

作りおき / ごはん / おつまみ / おもてなし

みそがイタリアンに!
意外な一品ですが、
塩気がある分、野菜との相性はばっちり。
ドレッシング代わりにして、
もりもり野菜を食べてください。

材料
クリームチーズ..........................大さじ2
みそ..小さじ1

作り方
❶ 器にクリームチーズとみそを入れ、よく混ぜる。

Consigli dello chef
電子レンジで少し加熱して溶かし、人気のバーニャカウダのようにしてもいいですよ!

Part **1** Mescolare

Stuzzichini Giapponesi di Takuan

作りおき / ごはん / おつまみ / おもてなし

たくあんディップ

冷蔵庫のコレで！

漬物　　チーズ

意外や意外、クリームチーズを使うと、
日本独特の食材や食品が、
イタリア風の一品に！
作り置きができるので、サラダに添えたり、
クラッカーにのせて
おつまみにどうぞ。

‖ 材料 ‖
たくあん（5ミリ角切り）............... 4切れ
クリームチーズ........................... 大さじ2

‖ 作り方 ‖
❶たくあんとクリームチーズをよく混ぜる。

Consigli dello chef

切って混ぜるだけ。本当に簡単。クリームチーズは電子レンジで少しやわらかくしてから使うと混ぜやすくなりますよ。

ツナディップ

冷蔵庫のコレで！

瓶缶食品類

チーズ

イタリアではホワイトソースを
ベシャメルソースといいますが、
それと冷蔵庫にありそうな食材を
混ぜるだけで、
とても美味しいおつまみに
大変身します。

▮ 材料 ▮
市販のホワイトソース 1/2缶
ツナ缶 小1個
ケイパー 小さじ1
チーズ（サイコロ状） 30g
イタリアンパセリ 2本
白コショウ .... 適宜

▮ 作り方 ▮
❶ ツナ缶、ケイパー、チーズ、イタリアンパセリ、白コショウをフードプロセッサーにかける。
❷ ①とホワイトソースを合わせてよく混ぜる。

▮ ベシャメル（ホワイト）ソースの簡単な作り方 ▮
❶ オリーブオイル（大さじ1）を鍋またはフライパンに入れて熱し、小麦粉（大さじ1）を加えて、焦がさないように素早く混ぜる。
❷ 牛乳（カップ1/2）と塩少々を加え、鍋底が焦げないように気をつけながら、中火でとろとろになるまで加熱する。最後にナツメグ（少々）を加える。

Consigli dello chef
ベシャメルソースは、沸騰するほど熱くなったオイルに小麦粉を入れるのがポイント。上手に作るコツは、すべての手順を手早く行うこと！

Part 1 Mescolare

オープンサンド

冷蔵庫のコレで!

パン

チーズ

ジャム

オープンサンドにルールはなし。つまりオープンマインドです。
ここではロールパンと
冷蔵庫にありそうな食材を使って作りました。

材料（1人分）

バターロール............................1個
白カビチーズ...........................2切れ
　　≫ その他チーズでもOK
マーマレード...........................小さじ1
　　≫ ハチミツやジャムでもOK
生ハム................................1/2枚
　　≫ ハムでもOK
スライスチーズ.........................1/2枚
　　≫ その他チーズでもOK

作り方

❶ バターロールの端を少し切り落とし、4等分にする。
❷ トースターで軽く焼いた①のうち2枚に白カビチーズ、1枚に生ハムとスライスチーズをのせ、チーズがとろけるまでトースターで加熱する。
❸ 残りの1枚は生ハムとスライスチーズの上にのせる。白カビチーズの上にはマーマレードをのせる。

Consigli dello chef
イタリアではチーズにジャムやハチミツを添えることがよくあります。白カビだけでなく、青カビや山羊のチーズ＋ジャムやハチミツなら、ますますワインがすすみそうです。

豆腐の　アンチョビガーリック

冷蔵庫のコレで！

大豆製品

イタリアでもヘルシー食品として人気の豆腐。
いつものお醤油をアンチョビガーリックソースに替えるだけで、
あっという間にイタリア風に！

‖ 材料 ‖（1人分）
豆腐（小）..1パック
ガーリックオイル（P.44）..............大さじ1
アンチョビフィレ 1切れ

‖ 作り方 ‖
❶ ガーリックオイルに、細かく刻んだアンチョビフィレを入れてよく混ぜる。
❷ よく水気を切った豆腐を器に盛り、①をかける。

Consigli dello chef

アンチョビガーリックオイルがあまったら、冷蔵庫で保存しておきましょう。これを熱し、トマトやホウレンソウ、ブロッコリー、エビやイカなどを入れてパスタ料理にも使えます！

パンのサラダ
(パンツァネッラ)

冷蔵庫のコレで!

パン

野菜

パンツァネッラというパンのサラダ。
イタリアではパンは固くなっても大事に食べますが、こんなふうにも変身!
夏の暑い時期にぴったりの爽やかサラダです。

材料(1人分)

固くなったパン	30g
キュウリ	1/4本
赤タマネギ	1/4個
≫ タマネギでもOK	
トマト(小)	1個
バジル	1枚
≫ ドライでもOK	
水	カップ1
白ワインビネガー	大さじ2
≫ 酢でもOK	
オリーブオイル	大さじ1
塩	少々
ブラックペッパー	適宜

作り方

① 水と白ワインビネガーをボウルに入れ、パンを浸してやわらかくする。
② キュウリ、赤タマネギ、トマトを細かく切って、ボウルに入れる。
③ ①のパンをギュッと絞って水分を切り、細かくほぐして②のボウルに加える。
④ 塩とブラックペッパーをふりかけてよく混ぜる。
⑤ オリーブオイルを回しかけて混ぜたら、冷蔵庫に入れてよく冷やす。
⑥ 食べる直前に、ちぎったバジルを加える。

Consigli dello chef

よく乾いたパンを使うのがポイント。パンが残ったら自然乾燥させて使いましょう。また赤タマネギがなければ普通のタマネギでもOK。でも水にさらして使ってくださいね。

Panzanella

相性の
いいお酒・
ワイン

Spumante　Vino Bianco　Vino Rosso
・フレッシュ　・ライト

お米のサラダ
(バルサミコ風味/マヨネーズ風味)

冷蔵庫のコレで!

ごはん

野菜

甲殻類

日本では主食であるお米。イタリアではリゾットにする以外は、サラダ感覚で食べています。パスタ同様、茹でて使いますが、日本ですから炊いたごはんで作ってしまいましょう。

‖ バルサミコ風味 材料 ‖ (1人分)

冷ごはん	25g
パプリカ(5ミリ角)	1/8個
タマネギ(細切り)	1/8個
トマト(小)(5ミリ角)	1個
エビまたはイカ	適宜
[ドレッシング]	
オリーブオイル	小さじ1
ワインビネガー	小さじ1/2
≫ すし酢でもOK	
バルサミコ	少々
≫ しょうゆでもOK	
塩・コショウ	少々

‖ 作り方 ‖

❶ タマネギは水にさらす。エビまたはイカはボイルして細かく刻む。
❷ ドレッシングの材料をよく混ぜ、塩・コショウで味を調える。
❸ 冷ごはんと①、パプリカ、トマトと②をボウルに入れてよく混ぜる。

‖ マヨネーズ風味 材料 ‖ (1人分)

冷ごはん	25g
メロン(小)(1センチ角)	1切れ
生ハムスライス	1枚
塩	少々
マヨネーズ	大さじ1

‖ 作り方 ‖

❶ 生ハムは食べやすい大きさに切る。
❷ 冷ごはんをマヨネーズで味付けし、よく混ぜる。塩気が足りなければ塩で味を調える。
❸ メロンと生ハムと②を混ぜる。

Consigli dello chef

冷えて固まっているお米は、一度お湯か水に通し、よく水気を切ってから使うと、マヨネーズやドレッシングと合わせやすくなりますよ。

Insalata di Riso

| バルサミコ風味 |

| マヨネーズ風味 |

相性の
いいお酒・
ワイン

Birra　Spumante　Vino Bianco　Vino Rosso
・フレッシュ　・ライト
・トロピカル

Part 1 Mescolare

トマトと茹で卵のサラダ

冷蔵庫のコレで!

野菜　　　卵

トマトとアンチョビ、茹で卵とアンチョビ。
最高に美味しい組み合わせをダブルで!
材料さえあれば、手がかからずに作れる一品です。

‖ 材料 ‖（1人分）

- トマト（一口大）........................ 1個
- 卵 1個
- ［ドレッシング］
- A) ニンニク 1/4片
- A) オレガノの枝 1枝
  - ≫ ドライorお好みのハーブで
- A) バジルの葉 1枚
  - ≫ ドライorお好みのハーブで
- B) オリーブオイル 小さじ1
- B) ワインビネガー 小さじ1
- B) 塩・ブラックペッパー .... 少々

‖ 作り方 ‖

❶ 卵は茹でて細かく刻む。
❷ ドレッシングのAを一緒にみじん切りにし、Bと混ぜる。
❸ トマトと②をボウルに入れて和え、器に盛る。
❹ ①を③の上にふりかける。

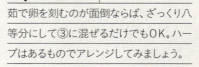

Consigli dello chef

茹で卵を刻むのが面倒ならば、ざっくり八等分にして③に混ぜるだけでもOK。ハーブはあるものでアレンジしてみましょう。

Insalata di Pomodoro e Uovo con salsa di Acciughe

相性の
いいお酒・
ワイン

Spumante　Vino Rosso
・ライト

Column 1

サングリア

え? イタリアンでしょ？ そう思われる人も多いかもしれませんね。サングリアはスペインやポルトガルで飲まれる、フルーツフレーヴァーのワインですからね。

実は、僕の店ではとても人気があり、定番で作り置きしています。

赤ワインに、オレンジ、バナナ、リンゴなどを浸け込んで作ります。甘味を追加したいなら、ハチミツや砂糖を少し加えましょう。また、シナモンパウダーで風味付けしてもいいですね。寒い日などは、これを電子レンジで温めて、ホット・サングリアにしてもいいですよ。

また、白ワインでも、バナナやキウイフルーツ、桃などを浸けてサングリア・ビアンカ（白いサングリア）を作ることができます。

フルーツでなく、オレンジジュースで割っても簡単なサングリアができるので、残ったワインをさらに楽しめます。

Sangria

材料

赤ワイン	カップ1・1/2
オレンジ	1/4個
バナナ	1/2個
リンゴ	1/4個

作り方

❶ オレンジとリンゴは適当な大きさに切り分け、5ミリ程度のスライス、バナナは8ミリ程度の輪切りにする。

❷ 保存容器に赤ワインと①を入れ、冷蔵庫で一晩寝かせる。

❸ ②を濾して、別の容器に入れ、冷蔵庫で保存する。

Part 2 Marinare

マリネする

Antipasto Misto
マリネ盛り合わせ

ニンジンサラダ P.40

白身魚のマリネ P.38

タコのマリネ P.39

S

作り置きのマリネ類を
盛り合わせて
素敵なアンティパスト・
ミストに!!

相性の
いいお酒・
ワイン

Birra　Spumante　Vino Bianco　Vino Rosso

・フレッシュ　・ライト
・トロピカル

|| エビのオレンジマリネ P.42 ||

|| パスタのクスクス風 P.43 ||

|| 豆のサラダ P.41 ||

Part **2** Marinare

南米料理とされていますが、イタリア修業時代にシェフから教わったセビーチェというマリネ料理。うちの店でもファンが多い一品。タマネギの甘みとレモンの酸味が絶妙です。

白身魚のマリネ
（セビーチェ）

冷蔵庫のコレで！

魚介類

柑橘類

Pesce Marinata

写真は4人分

材料（1人分）

白身魚刺身	4切れ
タマネギ	1/8個
レモン汁	1/4個分
塩	少々

作り方

❶ 白身魚を2センチ角を目安に切る。
❷ タマネギは繊維に沿ってスライスする。
❸ ①と②をボウルに入れ、塩とレモン汁を加えて混ぜ、冷蔵庫で冷やす。

Consigli dello chef

材料に使う白身魚は、たとえばタイ、イサキ、スズキ、ホウボウ、コチなどがオススメ。ハマチ系の青背の魚も使えますが、ちょっと生臭さが気になるかもしれません。

世界でタコを食べるのは日本だけとも言われていますが、ナポリを中心に南イタリアでも食べられています。切った茹でタコをガーリックオイルで混ぜるだけ。本当に手軽な一品です。

タコのマリネ

冷蔵庫のコレで！

甲殻類

写真は4人分

Polpo Marinata

材料 (1人分)
- 茹でタコ ………………………… 足1本分
  - ≫ イカ、エビ(加熱済)でもOK
- ガーリックオイル(P.44) ………… 大さじ1
- 塩 ………………………………… 少々

作り方
1. 茹でタコはぶつ切りにする。
2. ①をガーリックオイルで和え、塩で味を調える。

Consigli dello chef

よりイタリアンらしくするなら、イタリアンパセリを刻んで混ぜましょう。太陽の光燦々の南イタリアらしいイメージの一品になりますよ。

フレンチならキャロットラペですが、甘みはハチミツ、酸味はレモン、レーズンとナッツ類を入れてシチリア風に仕上げました。

ニンジンサラダ

冷蔵庫のコレで！

野菜

Insalata di Carote

写真は4人分

|| 材料 || （1人分）

ニンジン（細切り）......................1/2本
スライスアーモンド 小さじ1
レーズン 小さじ1
[ドレッシング]
オリーブオイル.........................大さじ1
レモン汁 小さじ1
ハチミツ 小さじ1
塩 ....少々

|| 作り方 ||

❶ ボウルにニンジンとスライスアーモンド、レーズンを入れてよく混ぜる。
❷ ドレッシングの材料を器に入れ、泡立て器でよく混ぜる。
❸ ①と②を混ぜる。

Consigli dello chef

スライスアーモンドの代わりに、松の実を入れると本格的なシチリア風に。ピーナッツやクルミを刻んでもOKです。

Part **2** Marinare

豆のサラダ

イタリア人は豆類をとてもよく食べます。日本でも最近はパック入りや缶詰の豆類が簡単に入手できるようになりました。買い置きしておいて、バジルがあるときにパッと作ってみましょう。

冷蔵庫のコレで！

豆類

瓶缶食品類

写真は4人分

Insalata di Fagiolo

作りおき／ごはん／おつまみ／おもてなし

‖ 材料 ‖ （1人分）
豆（ひよこ豆やインゲン豆）............30g
ツナ缶（小）..................................1/2缶
バジルの葉...1枚
　　　　　》パセリや玉ねぎでもOK
オリーブオイル........................小さじ1
塩..少々

Consigli dello chef
実はバジルはしそ科の植物。近い食材として大葉で代用できます。またバジルの代わりに水にさらしたみじん切りのタマネギや刻んだパセリでもOKです。

‖ 作り方 ‖
❶豆類は、乾燥タイプなら戻して茹でておき、サラダ用はそのまま利用する。
❷①の豆をボウルに入れ、油や水分を切ったツナと、粗みじん切りにしたバジルを入れる。
❸塩をふり、オリーブオイルをかけ、よく混ぜる。

Part **2** Marinare

イタリアでは柑橘類が調味料になることがしばしば。オレンジの実も一緒にマリネして、爽やかな一品で食卓を彩ってください。

エビのオレンジマリネ

Insalta di Gamberi all'Arancia

冷蔵庫のコレで！

甲殻類

果物

写真は4人分

材料 (1人分)

- むき小エビ 10尾
- オレンジ 1/4個
- イタリアンパセリ .... 適量

[マリネ液]
- オレンジ汁 1/4個分
- オリーブオイル 大さじ1
- ワインビネガー 大さじ1
- 塩・コショウ .... 少々

作り方

❶ マリネ液の材料を合わせる。
❷ 大さじ2のお湯（分量外）にエビを入れて蒸し煮にし、粗熱をとったら、マリネ液に茹で汁ごと入れる。
❸ オレンジの実を加え、冷蔵庫で冷やす。イタリアンパセリを飾る。

Consigli dello chef

写真のように、むいたオレンジの皮も捨てずに一緒に漬けておくと、より風味が高くなりますよ。

パスタのクスクス風

冷蔵庫のコレで!

パスタ

写真は4人分

Couscous di Pasta

‖ 材料 ‖（1人分）
茹でたパスタ 30g
ミートソース カップ1/2

‖ 作り方 ‖
❶ パスタをフードプロセッサーにかけ、米粒状にする。
❷ ①にパスタソースを和える。

パスタを茹ですぎた、パスタソースを作りすぎたというときに、ぜひオススメしたいのがコレ！お弁当の片隅に、箸休めの一鉢に、またサラダに添えてと、使い勝手のいい一品です。

Consigli dello chef

フードプロセッサーを使わずに、パスタを包丁でたたいてもOK。ミートソース（写真）のほか、P.54のキノコ煮込みやP.96のカポナータと和えるなど、ぜひアレンジを！

Column 2
ガーリックオイル 唐辛子オイル

イタリアの一般家庭でニンニクを熱して使うときには、みじん切りやスライス、もしくはたたいてつぶしたニンニクをオリーブオイルと一緒にフライパンに入れて火をつけ、弱火でじっくり香りを出しています。でも、僕の店のように大量に使う場合には作り置きしておくととても便利。冷蔵庫に入れておけば1カ月くらいは使えるので、日々忙しい人には作り置きをオススメします！

また、日本ではタバスコがポピュラーですが、イタリアではパスタやピッツァにタバスコをかけることはまったくありません。辛さが必要なときは唐辛子オイルを使います。どちらかというと、ラー油に近いものです。これも作っておくと便利。冷蔵庫で保存すれば、ガーリックオイルよりも長く、2カ月くらいは使えます。

Olio all'aglio

Olio di Peperoncino

作り方
1. ニンニクのみじん切り1片分に対し、オリーブオイルカップ1/4の割合でフライパンに入れ、中火で加熱する。
2. ニンニクの香りが出てきたところで出来上がり。
3. 冷まして保存容器に入れて冷蔵庫で保存する。

作り方
1. 種を取り除いてみじん切りにした唐辛子1本分に対し、オリーブオイルカップ1/4の割合でフライパンに入れ、弱火で加熱。
2. 沸騰させないように火を調節しながら、赤い色を出していく。
3. オイルの色が、ラー油のような赤色になったら出来上がり。
4. 冷まして保存容器に入れて冷蔵庫で保存する。

煮る、煮込む

Part 3 Cuocere

ニンニクスープ

冷蔵庫のコレで！

ニンニク　　　卵

イタリア各地にはいろいろなズッパ・サンテ（健康のスープ）があります。これもそのひとつ。ニンニクと卵で元気になってください。

材料 (1人分)

ニンニク（薄切り）	2片
唐辛子	1本
生ハム	1枚
水	カップ1
固形スープの素	1/2個
卵	1個
オリーブオイル	大さじ1
塩・ブラックペッパー	少々

作り方

❶ スライスしたニンニクと唐辛子、刻んだ生ハムをオリーブオイルでゆっくり炒める。
❷ 十分香りがたち、ニンニクに火が通ったら水と固形スープの素を加えてひと煮立ちさせる。
❸ 塩・ブラックペッパーで味を調える。
❹ 溶き卵を流し入れる。

Consigli dello chef

優しい塩味のスープですが、ハムを使うので味わい豊か。お好みでブラックペッパーを味のアクセントに！

キノコのスープ

冷蔵庫のコレで！

キノコ類

牛乳

イタリアの食事のカテゴリーでは、スープはパスタ同様、主食的な扱いになります。
まずはキノコを使って、簡単なクリームスープの作り方を覚えましょう。

‖ 材料 ‖（2人分）

キノコ類（マッシュルーム、シイタケ、しめじなど）..................100g
タマネギ（細切り）.........................1/8個
イタリアンパセリ（みじん切り）..........1枝
牛乳 カップ1/4
固形スープの素 1/2個
水 カップ1
パルメザンチーズ 小さじ1
オリーブオイル..........................大さじ1

‖ 作り方 ‖

❶ フライパンにオリーブオイルを入れ、タマネギをよく炒め、続いてキノコ類を入れて炒める。
❷ ①に水と固形スープの素を加え、キノコ類がやわらかくなる程度に加熱する。
❸ ②を火からおろし、冷めたらをミキサーにかける。
❹ ③を鍋に戻して弱火にかけ、牛乳を加えて最後にパルメザンチーズを加える。
❺ 器に盛り、イタリアンパセリを飾る。

Consigli dello chef

キノコを、冷蔵庫にあるほかの野菜に置き換えて、アレンジしてみましょう。ズッキーニ、ニンジン、ジャガイモ、カボチャ、サツマイモ、ブロッコリー……。いろいろな野菜で作れます！

※本書では、一般に売られている粉チーズをパルメザンチーズと表記しています。

ミネストローネ

冷蔵庫のコレで!

野菜

イタリアン定番の野菜スープ。具になる野菜にルールはありません。
ここで紹介する材料は一例として、
冷蔵庫にある野菜でどんどんアレンジしてください。

┃┃ 材料 ┃┃（2人分）

ニンニク	1/2片
ジャガイモ	1/2個
タマネギ	1/2個
ニンジン	1/4本
パプリカ	1/8個
オリーブオイル	大さじ1
トマトソース(P.94)	大さじ1
パルメザンチーズ	小さじ1
固形スープの素	1個
水	カップ1・1/2
塩・コショウ	適宜

┃┃ 作り方 ┃┃

❶ 野菜類は皮をむき、1センチ角に切る。
❷ フライパンに、みじん切りにしたニンニクとオリーブオイルを入れて弱火にかける。
❸ ①の野菜を入れて炒める。
❹ トマトソースを入れてひと混ぜしたら、水と固形スープの素を入れて弱火で煮る。
❺ 15分程度で煮込み、塩・コショウで味を調える。
❻ 器に盛り、パルメザンチーズをかける。また、好みでバジルの葉（分量外）を飾ってもOK。

Consigli dello chef

トマトソースの代わりにフレッシュトマトを刻んで③で一緒に炒めてもOK。トマトなしで、ほかの野菜のうまみたっぷりのスープに仕上げてもいいですね。

Minestrone

夏野菜のシチュー
（チャンボッタ）

冷蔵庫のコレで！

野菜

チャンボッタは、トマトの水分と少量の水で夏野菜を蒸し煮にした南イタリアのお料理です。野菜たっぷり体にやさしい味わい。疲れた体をいたわりたいときにぜひ！

▌材料 ▌（1人分）

ニンニク（みじん切り）	1/2片
ジャガイモ（くし形）	1個
ニンジン（輪切り）	1/4本
ナス（縦に四つ切り）	1本
ピーマン	1個
トマト（大）（くし形）	1/2個
バジルの葉	2枚
》ドライでもOK	
唐辛子（粉）	少々
オリーブオイル	大さじ1
塩	少々
水	カップ1/4

▌作り方 ▌

❶ みじん切りにしたニンニクとオリーブオイルを深めのフライパンに入れて弱火で熱する。
❷ ジャガイモ、ニンジン、ナス、ピーマン（まるごと）の順で加えながら炒める。
❸ トマトを加える。
❹ 塩を加えてふたをして、10分煮る。
❺ バジル、水、唐辛子を加えてひと混ぜし、さらに蓋をして10分煮る。

Consigli dello chef

ピーマンまるごとヘタまで食べるのはユニーク！ 意外と美味しいので、トライしてください。季節が違えばカブやアスパラガス、ブロッコリーなどでアレンジを。

そのままでおかずに、ごはんにのせてキノコ丼、またサラダやパスタに、クスクスと和えたりと、作っておくととても応用がきく一品です！

Part **3** Cuocere

キノコ煮込み

冷蔵庫のコレで！

キノコ類

Funghi in Umido

写真は4人分

｜｜ 材料 ｜｜（1人分）

- いろいろなキノコ...................100g
- ニンニク（みじん切り）...............1/2片
- オリーブオイル.....................大さじ1
- 固形スープの素......................1個
- 水.............................カップ1・1/2
- 塩・ブラックペッパー................適宜

｜｜ 作り方 ｜｜

① キノコはスライスまたは小口に切る。
② オリーブオイル、ニンニクを鍋に入れ、ニンニクがきつね色直前まで熱する。
③ ①のキノコを加えてさっと炒める。
④ 固形スープの素と水を加えて、中火で10〜15分煮込む。
⑤ 塩・ブラックペッパーで味を調える。

Consigli dello chef

イタリアではマルサラ酒という酒精強化ワインを調味料に使います。もし見つけられたらこれを加えるとより風味豊かになります。使う場合は、1人前で大さじ1程度を目安に。写真のようにイタリアンパセリ（分量外）を飾ると爽やかな味わいに。

応用編
Consigli dello chef

キノコのパスタ

フライパンにオリーブオイルを熱し、キノコ煮1人前を入れて炒め、茹でたパスタを入れて、火にかけながらよく和える。このとき、レードル1杯弱の茹で汁を入れて、よく乳化させるのがポイント。

相性の
いいお酒・
ワイン

Birra　Spumante　Vino Bianco　Vino Rosso

・フレッシュ
・トロピカル　・ライト
・リッチ　　　・凝縮感

イタリア版煮豆。出汁と塩気はベーコンで、タマネギで味の深みと甘みをプラスし、トマト味で煮込みます。おかずにもおつまみにも、パンにはさんでもいただけます。

Part **3** Cuocere

豆の煮込み

冷蔵庫のコレで！

豆類

作りおき／ごはん／おつまみ／おもてなし

Fagioli in Umido

写真は4人分

‖ 材料 ‖（1人分）

市販のサラダ豆 ……………………… 1袋
タマネギ（細切り）……………… 1/8個
ベーコン（細切り）……………… 1/2枚
オリーブオイル …………………… 大さじ1
トマトソース（P.94）…………… 大さじ2
パルメザンチーズ ………………… 小さじ1
水 …………………………………… カップ1/4
塩・コショウ ……………………… 適宜

‖ 作り方 ‖

❶ 鍋にタマネギとベーコン、オリーブオイルを入れ、弱火で炒める。
❷ 豆を加えて5分くらい炒める。
❸ トマトソースと水を加え、10分煮る。
❹ 塩・コショウで味を調え、最後にパルメザンチーズをふる。

Consigli dello chef

仕上げにパルメザンチーズを加えずに、食べるときにかけてフレッシュなチーズの風味を楽しんでもいいかも。

※本書では、一般に売られている粉チーズをパルメザンチーズと表記しています。

パテとは違い、魚の身の食感を残すリエット。
そのままでつまんでもよし、
パンやクラッカーにのせてもよし、
サラダに添えてもよし。
魚のうまみたっぷりの一品です。

魚のリエット

冷蔵庫のコレで！

魚介類

写真は4人分

Rillettes di Pesce

|| 材料 ||（1人分）
白身魚（一口大）............................ 100g
タマネギ（細切り）......................... 1/8個
オリーブオイル................................ 適量
塩・コショウ................................... 適量

Consigli dello chef

リエット作りのポイントは、オイルを加えて乳化させること。オイルが白っぽくなり魚の身にまとわりついたらOKです。味のポイントにピンクペッパーを添えてもOK。

|| 作り方 ||

❶ 小さじ1程度のオリーブオイルをフライパンで熱し、タマネギをゆっくり弱火で炒める。
❷ タマネギに十分火が通ったら、白身魚（皮は除く）を入れ、かぶるくらいの水（分量外）を注ぎ中火で加熱する。
❸ 途中水を足しながら、魚の身がほぐれるまで煮る。
❹ 身がほぐれ、水分がなくなったところで、塩・コショウで味を調え、オリーブオイルをゆっくり入れながらよく混ぜ、乳化させる。
❺ 好みでピンクペッパー（分量外）をのせる。

パテやテリーヌとは違い、
リエットは肉の味わいや食感をより楽しめます。
本来はラードで煮込みますが、
もっと手軽に水で煮込んで作ります。

Part **3** Cuocere

豚肉のリエット

冷蔵庫のコレで！

肉類

Rillettes di Maiale

写真は4人分

‖ 材料 ‖ (1人分)
豚バラブロック（一口大）............ 100 g
　　　≫ 豚バラスライスでもOK
タマネギ（細切り）........................ 1/8個
オリーブオイル.................................適量
塩・コショウ...................................適量

Consigli dello chef
写真は豚バラ肉を使ったリエットですが、牛肉や鶏肉でも作れます。冷蔵庫にあるお肉で試してください。味のポイントはブラックペッパーで。

‖ 作り方 ‖
❶ 小さじ1程度のオリーブオイルをフライパンで熱し、タマネギをゆっくり弱火で炒める。
❷ タマネギに十分火が通ったら、豚バラ肉を入れ、かぶるくらいの水（分量外）を注ぎ中火で加熱する。
❸ 途中水を足しながら、肉の身がほぐれるまで煮る。
❹ 身がほぐれ、水分がなくなったところで、塩・コショウで味を調え、オリーブオイルをゆっくり入れながらよく混ぜ、乳化させる。

作りおき　ごはん　おつまみ　おもてなし

日本ではフレッシュな食感の野菜を好む傾向がありますが、イタリアでは驚くほど野菜に火を通します。これもそのひとつ。やわらかくて甘いインゲンを楽しめます。

インゲンとベーコン煮込み

冷蔵庫のコレで！

野菜

ベーコンハム類

写真は4人分

Fagiolini in Umido

材料（1人分）
- インゲン…………………………50g
- タマネギ（細切り）……………1/8個
- ベーコン（細切り）………………1枚
- オリーブオイル………………大さじ1
- 水……………………………カップ1/4
- 塩………………………………少々

Consigli dello chef
薄切りベーコンだけでなく、ブロックのベーコンをゴロゴロっと切って使っても、ハムやソーセージでもOKです。

作り方
1. フライパンにオリーブオイルを熱し、タマネギとベーコンを炒める。
2. インゲンを入れて、油になじませたら、水を入れ、やわらかくなるまで煮る。
3. 最後に塩で味を調える。

作りおき / ごはん / おつまみ / おもてなし

Per il Pomeriggio delle Vacanze

煮込みおつまみ盛り合わせ

豆の煮込み P.56

豚肉のリエット P.58

休日、ゆったり過ごす
午後の
おともに。

インゲンとベーコン煮込み P.59

魚のリエット P.57

相性の
いいお酒・
ワイン

Birra　Spumante　Vino Bianco　Vino Rosso

・フレッシュ　・ライト
トロピカル

Part 4 Al Forno
焼く

シラスの卵蒸し
(スフォルマート)

冷蔵庫のコレで！

卵

魚介類

日本風にいえば茶碗蒸しですが、イタリアでは蒸さずにオーブンで焼いて作ります。シラスの代わりに野菜や炒めたひき肉、明太子や海苔など、具は冷蔵庫にあるものでアレンジしましょう。

材料 (1人分)
- 卵……………………………………1個
- 牛乳…………………………カップ1/2
- シラス………………………………大さじ2
- 塩・コショウ………………………適宜

作り方
1. 卵をよく溶き、牛乳を加えてよく混ぜる。
2. シラスを加えてよく混ぜたら、耐熱皿に流し入れる。
3. 130度に温めたオーブンで、表面がプルンプルンと固まるのを目安に30分程度焼く。

Consigli dello chef

出汁を加えれば旨味が、生クリームを加えればコクが生まれます。卵1個に対し、液体量の合計が1/2カップになるように調整してアレンジしましょう。

Sformarto di Bianchetti

海藻の揚げピッツァ
（ゼッポリーネ）

冷蔵庫のコレで！

海苔

甲殻類、貝など

シラス

当店でも人気の一品。
生海苔を練り込んだピザ生地を揚げたナポリの郷土料理です。
揚げるのは面倒なので、焼いて作ってみましょう。

∥ 材料 ∥ (1人分)

薄力粉	カップ1/2
ベーキングパウダー	小さじ1/2
塩	小さじ1/2
水	カップ1/4
生海苔	大さじ1

≫ 焼海苔、乾燥あおさでもOK

Consigli dello chef
当店でも定番メニューでお出ししているゼッポリーネ（オリジナル）。生地を油で揚げています。

∥ 作り方 ∥

❶ 薄力粉、ベーキングパウダー、塩を混ぜ、水を足しながらよく混ぜる。
❷ ①をひとつにまとめて常温で20分おく。
❸ ②の中に生海苔を加え、よく混ぜる。
❹ ③を水で濡らしたスプーンですくい、油で揚げる。

相性のいいお酒・ワイン

Birra	Spumante	Vino Bianco	Vino Rosso
		・フレッシュ ・トロピカル	・ライト ・凝縮感

ゼッポリーネ（オリジナル）

※レシピは左ページ参照

エビ入り焼きゼッポリーネ

ゼッポリーネの生地をフライパンに流し入れ、その上にエビをのせて、両面を焼きました。イカやタコ、ホタテを加えてもOK。

シラスの焼きゼッポリーネ

生地に加える生海苔の代わりにシラスを入れ、焼きゼッポリーネにしました。刻んだイタリアンパセリを一緒に混ぜると彩りもきれいです。

焼きゼッポリーネ

フライパンにオリーブオイルを熱し、両面を焼きました。オリジナルよりも表面はカリッとした食感です。

Part **4** Al Forno

クリスピー・パルミジャーノ

冷蔵庫のコレで！

チーズ

冷蔵庫で忘れられがちのパルメザンチーズを使って、美味しいおつまみを作りましょう。ただ焼けるのを待つだけ。ビールにワイン、最高のおつまみに変身します！

|| 材料 ||（1人分）
パルメザンチーズ……………………大さじ2

|| 作り方 ||
❶ フライパンを熱し、チーズ大さじ1ずつを直径8センチ程度の円に広げる。
❷ 弱火で熱し、チーズが溶けてフライパンに接した面にうっすら焦げ色がついたら、ひっくり返す。
❸ もう片面にも焦げ色がついたら、皿に取り冷ます。

Consigli dello chef
本物のパルミジャーノ・レッジャーノを削って焼くと、もっと本格的な味わいに。またハード、セミハードのチーズでも、香ばしく美味しい焼きチーズができます。ポイントは、焼き色がつく程度に焼くことです。

※本書では、一般に売られている粉チーズをパルメザンチーズと表記しています。

Croccante di Parmigiano Reggiano

相性の いいお酒・ ワイン	Birra	Spumante	Vino Bianco	Vino Rosso
			・リッチ	・ライト ・凝縮感 ・タンニン

Part **4** Al Forno

トマトのオーブン焼き

冷蔵庫のコレで！

野菜

チーズ

切って並べて焼くだけの簡単メニュー。
トマトとチーズがあればそれでOK。
おかずにも、おつまみにもなる手軽な一品です。

◫ 材料 ◫ (1人分)
トマト(大)(くし形)............................1個
シュレッドチーズ........................大さじ4
　　　≫ スライスチーズでもOK
オリーブオイル................................. 少々
塩・コショウ...................................... 少々

◫ 作り方 ◫
❶ 耐熱皿にオリーブオイルを塗る。
❷ トマトを皿に並べる。
❸ 塩・コショウをふる。
❹ チーズを上にかける。
❺ 200℃のオーブンで10分加熱する。

Consigli dello chef
チーズはたっぷりかけるのがポイント。オーブンを温めるのが面倒ならば、魚焼きグリルで焼いてしまおう！ 火力が強いのであっという間に出来上がります。

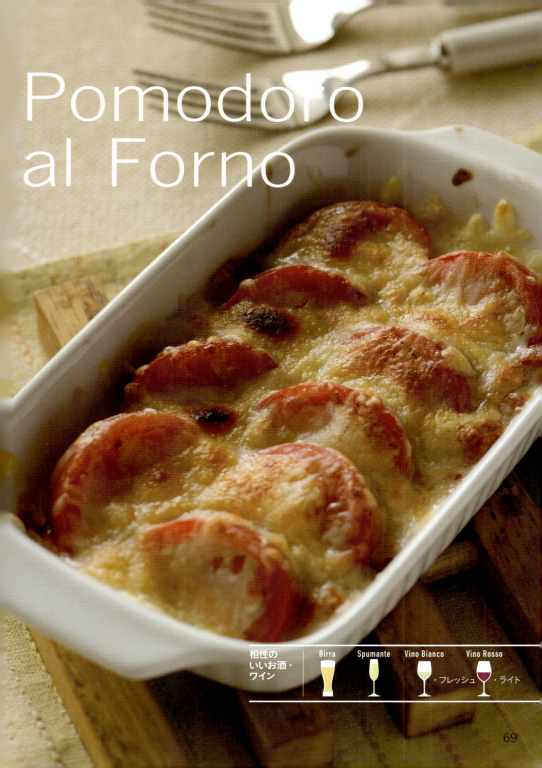

Part 4 Al Forno

納豆と油揚げの
トマトソース

冷蔵庫のコレで！

大豆製品

納豆と油揚げは日本の食べ物で、冷蔵庫にはありがちな食品。
アンチョビやガーリックオイル、トマトソースなどで、
イタリアンに変身させます！

▮ 材料 ▮ (1人分)

納豆	小1パック
油揚げ	1枚
ガーリックオイル(P.44)	大さじ1
アンチョビフィレ	1切れ
トマトソース(P.94)	大さじ3
イタリアンパセリ	適量

▮ 作り方 ▮

❶ 細かく刻んだアンチョビとガーリックオイルを混ぜる。
❷ 納豆と①をよく混ぜる。
❸ 油揚げを半分に切り、それぞれに②を半分ずつ詰める。
❹ 楊枝で③の口を縫うように止める。
❺ オーブントースターで④をこんがり焼く。
❻ 皿にトマトソースを敷き、その上に⑤を盛る。彩りよくイタリアンパセリを飾る。

Calzone di

Consigli dello chef

ポイントは焼き加減。オーブントースターや魚焼きグリルで焦がさない程度に焼き色をつけましょう。

Part 4 Al Forno

バナナの生ハム焼き

冷蔵庫のコレで！

果物

ベーコンハム類

バナナを焼くとはお菓子のようですが、生ハムがプラスされると、甘くてしょっぱいお料理に。リコッタチーズを添えて、ワインのおともにオススメです。

■ 材料 ■（1人分）
- バナナ 1本
- 生ハム 1枚
- オリーブオイル 小さじ1
- リコッタチーズ(P.82) 大さじ1強

■ 作り方 ■
① バナナの皮をむき、生ハムを巻く。
② フライパンにオリーブオイルを引き、バナナを転がしながら焼く。
③ 生ハムに軽く焼き色がついたら、皿に盛り、リコッタチーズを添える。

Consigli dello chef

最近は日本でもリコッタチーズを見かけるようになりましたが、なければカッテージチーズで代用を。リコッタチーズの作り方はP.82で紹介しています。

Involtini di Prosciutto e Banana

相性の
いいお酒・
ワイン

Spumante　　Vino Bianco　　Vino Rosso
・トロピカル　・ライト

焼リゾットの ブロードかけ

冷蔵庫のコレで！

 ごはん
 野菜

焼リゾットにソースをかけ、最後はブロードで。ひつまぶしのように、一度に3つの味わいが楽しめます。作り置きを利用したお手軽おもてなし料理です。

材料 (1人分)

[A]
- 冷ごはん 茶わん1杯分
- 卵 1個
- パルメザンチーズ 大さじ1.5
- オリーブオイル 大さじ1
- ミネストローネの具(P.50) ....
  .... レードル1杯分

[B]
- 固形スープの素 1個
- 水 .... カップ1・1/2

作り方

1. 焼リゾットを作る。[A]をよく混ぜる。
2. フライパンにオリーブオイルを熱し、①を直径15センチ程度の円にし、厚さを均等にする。
3. フライパンに接した面がきつね色になったらひっくり返し、両面を焼く。
4. ブロードを用意する。[B]を火にかけるか、電子レンジで加熱する。
5. ③を皿に盛り、ミネストローネの具をかける。
6. ⑤を一口味わった後に、ブロードをかける。

Consigli dello chef

ミネストローネ(P.50)の具ほか、キノコ煮込み(P.54)やピリ辛エビ(P.89)、カポナータごはんの具もオススメです。

Sformato di Riso con Verdure e Brodo

相性の
いいお酒・
ワイン

Birra　Spumante　Vino Bianco　Vino Rosso

・フレッシュ　・ライト
・トロピカル

Part 4 Al Forno

パンのケーキ

冷蔵庫のコレで!

パン

牛乳

少しパンが残っている、というときにぜひオススメのケーキです！
混ぜて焼くだけの簡単ケーキ。
食べ始めたら止まらない美味しさです。

Torta

材料 (1人分)

パン	60g
牛乳	カップ1
レーズン	40g
ラム酒	大さじ2
グラニュー糖	大さじ4
卵	1個
バター	20g

作り方

❶ パンをちぎって牛乳に、レーズンはラム酒に浸す。
❷ 溶き卵にグラニュー糖を入れてよく混ぜる。
❸ ①と②、溶かしバターを合わせ、耐熱皿に流し入れる。
❹ 160度のオーブンで20〜30分焼く。

Consigli dello chef

レーズンはラム酒やマルサラ酒に浸けると風味がよくなりますが、ない場合にはお湯につけておくだけでもOKです。

di Pane

リンゴのケーキ

冷蔵庫のコレで!

果物

牛乳

ドルチェのように見えますが、実は、イタリアの友人宅の朝食メニュー。
イタリアの朝ごはんには甘いケーキも定番です。
オリーブオイルを使ってとても軽く仕上がっています。

材料 (4人分)

卵	2個
グラニュー糖	大さじ9
リンゴ	1個
レモン汁	小さじ1
牛乳	カップ1/2
小麦粉	カップ1・1/4
ベーキングパウダー	小さじ4
オリーブオイル	カップ1/2

作り方

1. 卵とグラニュー糖をクリーミーになるまで泡立てる。
2. リンゴをサイコロ状に切って、レモン汁をかけておく。
3. 牛乳、小麦粉、ベーキングパウダー、オリーブオイルをよく混ぜる。
4. ①、②、③を手早く混ぜ合わせ、型に流し入れる。
5. 180℃に温めたオーブンで、45～50分焼く。途中、表面が焦げないように、焼き色がついたらアルミホイルをかける。
6. 食べるときは、粉砂糖やジャム、ホイップしたクリームなどをお好みで添える。

Consigli dello chef

特にコツもなく、簡単に作れるケーキです。お好みでリンゴの量を調整してくださいね。

Part **4** Al Forno

アイスクリームパン
（ブリオッシュ・コン・ジェラート）

冷蔵庫のコレで！

パン　　アイスクリーム

シチリア人の朝食の定番、温かいパンにイタリアのアイスクリームをはさんだブリオッシュ・コン・ジェラート。意外な組み合わせですが、なかなかイケる簡単レシピ。ぜひお試しあれ！

■ 材料 ■ (1人分)
バターロール.....................................1個
アイスクリーム...........................大さじ3

■ 作り方 ■
❶ バターロールに切れ目を入れ、トースターで軽く温める。
❷ バターロールの切れ目にアイスクリームをはさむ。

Consigli dello chef
シチリアでは、ピスタチオやレモン、イチゴやチョコレートなど、日本同様たくさんの種類のアイスクリームがあります。いろいろな味を試してみてください。

Brioche con Gelato

Column 3

リコッタチーズ

最近は、パルミジャーノ・レッジャーノやゴルゴンゾーラ、モッツァレッラなどをはじめ、多くのイタリアのチーズが日本でもたくさん購入できるようになりました。唯一なかなか見かけないのが、フレッシュチーズのリコッタ。イタリアではよく使われていて、お料理の材料として重宝に使えるチーズです。

買えないなら、作ればいい！ そう思って僕も店で週2回は作っています。

本書では、バナナの生ハム焼き(P.72)に添えていますが、フレッシュトマトと合えてパスタソースに、また刻んだホウレンソウと卵を混ぜてカネロニの詰め物にしたりと、いろいろな形に使えます。リコッタにハチミツやジャムをかけたり、ドライフルーツを添えたりすれば、ちょっとしたおしゃれなおつまみに変身します。

Formaggio di Ricotta

‖ 材料 ‖
牛乳 .... カップ1・1/2
生クリーム カップ1/2
ワインビネガー 大さじ2/3

‖ 作り方 ‖
❶ 材料を鍋に入れ、弱火にかける。
❷ かき混ぜずに、鍋の縁がふつふつしてくるのを待つ。この間に液体が徐々に分離していく。
❸ ふつふつしたら、火を止め、ザルでこす。水分は捨て、チーズは保存容器に入れて冷蔵庫で保存する。

Part 5 Frittura

炒める

Part 5 Frittura

ダイコンの
オープンラザニア

冷蔵庫のコレで!

野菜

肉類

型に入れず、オーブンで焼かず、
パスタを使わず、ダイコンを使ったヘルシーな
ラザニアに仕上げました。

材料 (1人分)
ダイコン	1センチくらい
鶏肉	30g
ベーコン	1枚
トマトソース(P.94)	大さじ2
オリーブオイル	大さじ1
塩	小さじ1/2

Consigli dello chef

鶏肉のトマトソースの具にかえて、カニカマと刻んだキュウリを市販のバジルソース(ジェノヴェーゼ)で和えたものなどを挟むとよりヘルシーで爽やかな一品に仕上がります。

作り方
1. ダイコンは、スライサーで5枚にスライス。これを皿に並べ、塩をふっておく。
2. ベーコンと鶏肉は1センチ角程度に切っておく。
3. フライパンにオリーブオイルを熱し、②を炒める。トマトソースを加えて鶏肉に火が通るまで炒める。
4. キッチンペーパーやふきんを使って、①のダイコンの水気をとる。
5. 皿にダイコンと鶏肉炒めを3層に重ね、最後はダイコンをのせる。
6. 残った1枚のダイコンで残りの鶏肉炒めを巻いて一緒に皿に盛る。

Lasagna di Daikon

相性の いいお酒・ ワイン	Spumante	Vino Bianco	Vino Rosso
		・フレッシュ ・トロピカル ・リッチ	・エレガント

Molto Comdo!
炒めものの盛り合わせ

作り置きの炒めものは
おかずにも、
おつまみにも、
お弁当にも!!

タコキャベツ P.91

ブロッコリーの
アンチョビガーリック P.90

ピリ辛エビ P.89

カリフラワーのアーリオ
オーリオペペロンチーノ P.88

小松菜シラス炒め P.87

相性の
いいお酒・
ワイン

Birra　Spumante　Vino Bianco　Vino Rosso

・フレッシュ
・トロピカル　・ライト

Part **5** Frittura

小松菜シラス炒め

ナポリを中心に、南イタリアではシラスが使われます。シラスは冷凍保存もできる便利食品。ガーリックオイルで炒めて作り置きしておきましょう。

冷蔵庫のコレで！

野菜

甲殻類

作りおき / ごはん / おつまみ / おもてなし

写真は4人分

‖ 材料 ‖（1人分）
小松菜（5センチに切る）................3株
シラス 大さじ2
ガーリックオイル（P.44）...........大さじ1
塩..少々

‖ 作り方 ‖
❶ フライパンにガーリックオイルを熱し、小松菜とシラスを入れてよく炒め、塩で味を調える。

Consigli dello chef
小松菜のほか、ホウレンソウやチンゲン菜、ニラなどでも作れます。

Spinaci Senape Giapponese e Bianchetti in Padella

Part **5** Frittura

カリフラワーのアーリオオーリオペペロンチーノ

冷蔵庫のコレで！

野菜

写真は4人分

ガーリックオイルに唐辛子をプラスした、
いわゆる「ペペロンチーノ」。
同じ炒めものでも、
辛いものが好きな人はこのアレンジで！

Consigli dello chef

ピリ辛の味付けにはカリフラワーがぴったり。ブロッコリーやニンジン、キノコ類、パプリカ、ナスなどでも応用できます。

材料 (1人分)

カリフラワー…………………………1/4個
ガーリックオイル (P.44)………大さじ2
唐辛子オイル (P.44)…………小さじ1/2
塩………………………………………少々

作り方

❶カリフラワーを一口大に切り、塩ひとつまみ（分量外）加えたお湯で茹で、水気を切る。
❷フライパンにガーリックオイルと唐辛子オイルを熱し、①を加えて炒め塩で味を整える。

Cavolfiore al Aglio Olio Peperoncino

エビ+トマトソースは絶妙な組み合わせ！
ピリ辛の味付けで、
ごはんにも、ビールにも、
そしてワインにも合う、万能な一品です。

ピリ辛エビ
（ガンベレッティ・ピカンテ）

冷蔵庫のコレで！

甲殻類

写真は4人分

作りおき / ごはん / おつまみ / おもてなし

Gamberetti in Salsa Picante

|| 材料 ||（1人分）
むき小エビ 10尾
タマネギ（みじん切り）................ 1/8個
プチトマト（粗みじん切り）............ 3個
ニンニク 1/2片
イタリアンパセリ（みじん切り）...............
.... 適宜
唐辛子（粉）........................... ひとつまみ
オリーブオイル........................ 大さじ1
　》 ガーリックオイル（P.44）と
　　唐辛子オイル（P.44）でもOK
塩 .... ひとつまみ

|| 作り方 ||
❶ フライパンに、タマネギとつぶしたニンニク、唐辛子、オリーブオイルを入れて熱する。
❷ トマトを加え、火が通ったら、塩で味を調える。
❸ エビとイタリアンパセリを加えて、2〜3分炒める。

Consigli dello chef
エビをイカやタコなどの甲殻類や、鶏肉に替えても美味しくできますよ。

Part **5** Frittura

ブロッコリーの
アンチョビガーリック

ガーリックオイルにアンチョビを加えた味付けは、日本で人気のバーニャカウダ風。いろいろな野菜にもよく合ううえ、パスタやリゾットなどにも応用できます。

冷蔵庫のコレで！

野菜

Broccoli al Aglio Acciughe

写真は4人分

‖ 材料 ‖（1人分）
ブロッコリー（一口大）..................1/4個
アンチョビフィレ 1切れ
ガーリックオイル（P.44）.........大さじ2

‖ 作り方 ‖
❶ ブロッコリーは、塩ひとつまみ（分量外）加えたお湯で茹で、水気を切る。
❷ フライパンにガーリックオイルとちぎったアンチョビフィレを熱する。アンチョビフィレは熱するとだんだん溶けていく。
❸ ②に①を加え、炒める。

Consigli dello chef

野菜をたっぷり食べたいときは、ブロッコリーと一緒にパプリカやズッキーニ、ナス、タマネギ、ニンジンなどを炒めましょう。ダイコンやセロリ、アスパラガスなどは野菜スティックにし、②をソースとして利用できます。

アンチョビガーリック風味には、甲殻類もよく合います。野菜とタコやイカ、エビなどを組み合わせて作ってみましょう。

タコキャベツ

冷蔵庫のコレで！

甲殻類

野菜

写真は4人分

Polpo e Cavolo in Padella

‖ 材料 ‖ （1人分）

茹でタコ（一口大）	足1本程度
キャベツ（一口大）	1/8個
ガーリックオイル（P.44）	大さじ2
アンチョビフィレ	1切れ
塩	少々

Consigli dello chef

タコ×キャベツ、タコ×茹でたジャガイモ、エビ×ズッキーニ、エビ×アスパラガス、イカ×セロリ、イカ×白菜などもオススメです。

‖ 作り方 ‖

❶ フライパンにガーリックオイルとちぎったアンチョビフィレを熱する。アンチョビフィレは熱するとだんだん溶けていく。

❷ 茹でタコとキャベツ、塩を入れて、キャベツが火に通るまで炒める。

作りおき／ごはん／おつまみ／おもてなし

ナスの　ローズマリー風味

冷蔵庫のコレで！

野菜

ハーブ類

ナスは油と相性がいいので炒めものにはぴったり。
写真は小さく切っていますが、ごろごろ大きめの乱切りにしてもOK。
ローズマリーの香りがとてもイタリアンらしい一品です。

❚❚ 材料 ❚❚ (1人分)

- ナス(乱切り) 1本
- ローズマリー 枝1本
- ガーリックオイル(P.44) 大さじ2
- ワインビネガー 小さじ1
  ≫ 酢でもOK
- 塩 .... 少々

❚❚ 作り方 ❚❚

❶ ナスは10分程度水に浸けたあとに水気を切っておく。

❷ フライパンにガーリックオイルとローズマリーを弱火で熱し、ローズマリーの風味をオイルにつける。ローズマリーが茶色くなったら取り出す。

❸ ②に①を入れ、中〜強火で炒め、油がしみこみ、表面に焦げ色が少しついたら塩とワインビネガーを加え、強火で酸味を少しとばす。

Consigli dello chef

辛い味が好きならお好みで唐辛子を(右ページ)。フレッシュなローズマリーがなければドライや、ハーブミックスで代用できます。

Meranzane al Rosemarino

相性の
いいお酒・
ワイン

Birra　Spumante　Vino Bianco　Vino Rosso
　　　　　　　　・フレッシュ　・ライト
　　　　　　　　　　　　　　　・凝縮感

Column 4

トマトソース

イタリアンといえばトマトソース味！ そう連想する人はたくさんいます。そのとおり、トマトソースはイタリアンの代名詞です。イタリアでは、トマトがたくさん収穫できる夏のうちに、一年分の水煮トマトやトマトソースにして保存しておきます。

日本でもトマトソースを作っておくと、いろいろなものに応用できますが、一年分を作るのはちょっと大変ですから、ときどき作っておくと便利です。使うのはサンマルツァーノという種類のトマト。最近は日本でもこの種のトマトを見かけるようになりましたが、フレッシュトマトからソースを作るのは手がかかるので、作り置きにはトマトの水煮缶を使いましょう。

トマトソースはシェフや家庭によって作り方がいろいろです。本書で紹介するのは僕流の作り方です。味を調整し、いろいろな工夫をして、お好みの味を作ってください。

▮ 材料 ▮

ホールトマト	400g(1缶)
フレッシュトマト（小）	1個
タマネギ（細切り）	1/2個
水	カップ1/2
塩	大さじ1
砂糖	少々
オリーブオイル	大さじ3

▮ 作り方 ▮

❶ 鍋にオリーブオイルとタマネギを入れ、とろとろになるまで弱火で炒める。
❷ ホールトマトと水を加え、トマトが煮崩れるまで加熱する。
❸ フレッシュトマトを刻んで加え、さらに30分程度弱火で煮込む。
❹ 塩と砂糖を加えて味を調える。
❺ 冷ましてミキサーにかけてなめらかにする。
❻ 保存容器に入れて、冷蔵庫で保存する。

Part 6 Pasta e Riso

〆の一品

カポナータごはん

冷蔵庫のコレで！

野菜

ごはん

南イタリアの代表的な野菜料理、カポナータ。
作り置きしておけば、いつでも簡単にカポナータごはんに。
野菜たっぷり、ヘルシーな〆の一品にどうぞ。

材料 (2人分)

- ナス（一口大）..................................1本
- タマネギ（一口大）.......................1/4個
- パプリカ（一口大）.......................1/4庫
- ズッキーニ（一口大）...................1/4個
- ニンニク（みじん切り）............... 1/2片
- トマトソース（P.94）...................大さじ3
- オリーブオイル................大さじ3程度
- 塩..小さじ1
- ごはん..............................茶わん1杯分
- バジル...適量

作り方

① フライパンにオリーブオイルを熱し、ニンニクを加えて弱火にかける。
② 香りがたったら、野菜を入れて強火で炒める。
③ 油が馴染んだら、塩をふり、トマトソースを加えて、蓋をして10分蒸し煮にする。
④ 器にごはんと一緒に盛り、バジルを飾る。

Consigli dello chef

加熱したソーセージ、焼いたベーコンや鶏肉などを添えれば、締めの一品とは言わず、簡単ごはんに変身です。

豚肉の ペペロンチーノ丼

冷蔵庫のコレで！

肉類

ごはん

〆にはやっぱりタンパク質と炭水化物を組み合わせた
ガッツリ系がいいという人には、
ピリ辛のペペロンチーノ丼を！

▌▌ 材料 ▌▌（1人分）

豚バラスライス肉..............................5枚
ガーリックオイル（P.44）.............大さじ1
唐辛子オイル（P.44）..................小さじ1
塩..適量
ごはん...................................茶わん1杯分

▌▌ 作り方 ▌▌

❶ 豚バラスライスは、食べやすいように4〜6等分にしておく。
❷ フライパンにガーリックオイルを熱し、①を炒め、塩で味をつける。
❸ 唐辛子オイルを加えてよく和える。
❹ 丼に盛ったごはんにのせる。

Consigli dello chef

野菜が足りないという人は、ネギやタマネギ、ニンジンやピーマンなどを加えてください。イタリアンパセリ（みじん切り）をふったり、唐辛子オイルをお好みでどうぞ。

Piatto di Maiale al Peperoncino

Part 6 Pasta e Riso

アンチョビ風味の リゾット

冷蔵庫のコレで！

野菜

ごはん

絶妙な塩分と魚の出汁をしっかり感じながらも、
あっさりと体に優しい味わい。
体をいたわるリゾットです。

▮ 材料 ▮ (1人分)

冷ごはん	茶わん1杯分
アンチョビフィレ	2切れ
菜の花（2センチに切る）	2株
プチトマト（粗みじん切り）	2個
ガーリックオイル（P.44）	大さじ1
水	カップ1弱

▮ 作り方 ▮

❶ フライパンにガーリックオイルとちぎったアンチョビを入れ、弱火にかける。
❷ アンチョビが溶けたころに菜の花を入れ、さっと炒めたら、水を加える。
❸ 冷ごはんを加えて、よく混ぜる。
❹ 器に盛り、トマトを飾る。

Consigli dello chef

具としては、刻んだキャベツやネギ、ダイコン、グリーンピースやソラマメ、ズッキーニ、タマネギなどもよく合います。

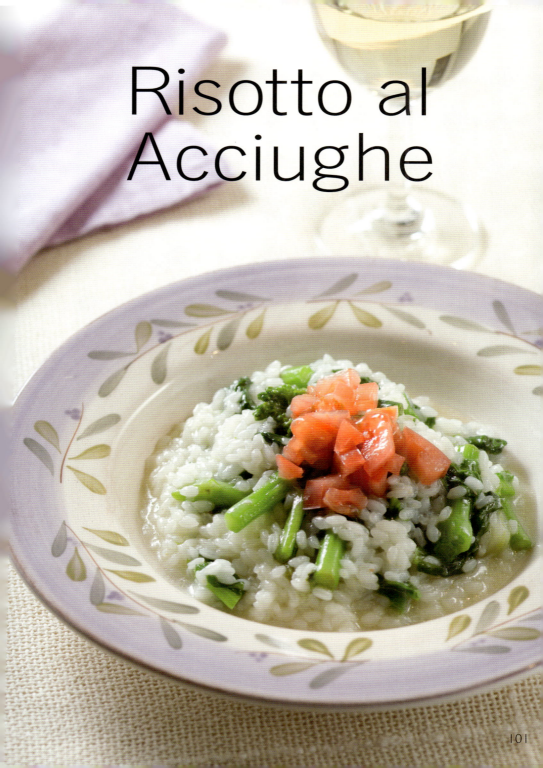

Risotto al Acciughe

そばパスタ

冷蔵庫のコレで！

麺類

野菜

イタリアにも、形は違いますが、ピッツォケリというそば粉のパスタがあります。乾麺のそばがあったら、たまには趣向を変えてみるのもいいですね。

材料（1人分）

- そば .... 1把（100g程度）
- ホウレンソウ（2センチに切る）........ 2株
- そばの茹で汁 レードル1杯分
- ガーリックオイル（P.44）.......... 大さじ2
- 塩 .... 適量

作り方

1. そばはやや硬めに茹で、流水でぬめりをよくとる。
2. ホウレンソウはそばを茹でたお湯でさっと湯がき、しっかりと水気を切る。
3. フライパンにガーリックオイルを熱し、ホウレンソウと塩を入れて炒める。
4. そばと茹で汁レードル1杯分を加えてよく炒め、塩で味を調える。

Consigli dello chef

そばの茹で汁は和えるときに使うので捨てずにとっておきましょう。また茹でたそばは、流水でしっかりぬめりをとるのがポイントです。

Pizzocheri Giapponesi

Part **6** Pasta e Riso

スープ仕立ての
カペッリーニ

冷蔵庫のコレで！

麺類

〆はやっぱり汁ものがいいという人には、
アサリでとった出汁のあっさりスープのパスタをどうぞ。海苔やトマトを加え、
最後にオリーブオイルまわしかけるとより風味がよくなります。

▮ 材料 ▮ (1人分)

アサリ	カップ1ほど
素麺	1把(100gくらい)
乾燥青海苔	大さじ1
プチトマト	2個
水	カップ2
塩	少々

▮ 作り方

❶ アサリをよく洗い、鍋に水と一緒に入れ、弱火にかけ、出汁を作る。
❷ 素麺は茹でる。
❸ ①に塩を加えて味を調える。
❹ ③に②と青海苔を加えてひと煮立ちさせ、器に盛る。
❺ 刻んだプチトマトを飾る。

Capellini

Consigli dello chef

ここではカペッリーニ（素麺のような細いロングパスタ）の代わりに素麺を使っています。また米粒状や星形の小さなパスタもスープパスタに向いています。

in Brodo

イカの塩辛パスタ

冷蔵庫のコレで！

瓶缶食品類

日本の特産物である塩辛は、オリーブオイルで炒めると、
塩辛とは思えない
イタリアンな味わいに変身します。

▮ 材料 ▮ (1人分)

イカの塩辛	大さじ2
スパゲッティ	100g
茹で汁	レードル1杯分
水菜（2センチに切る）	1/2株
ガーリックオイル（P.44）	大さじ1

▮ 作り方 ▮

❶ スパゲッティを茹でる。
❷ フライパンにガーリックオイルを熱し、塩辛を入れたら弱火で加熱する。
❸ スパゲッティと茹で汁を加え、よく和える。
❹ 皿に盛り、水菜を飾る。

Consigli dello chef

具としてキャベツを一緒に炒めても相性抜群。また水菜や細切りレタスなどを添えるとあっさりさっぱりいただけます。

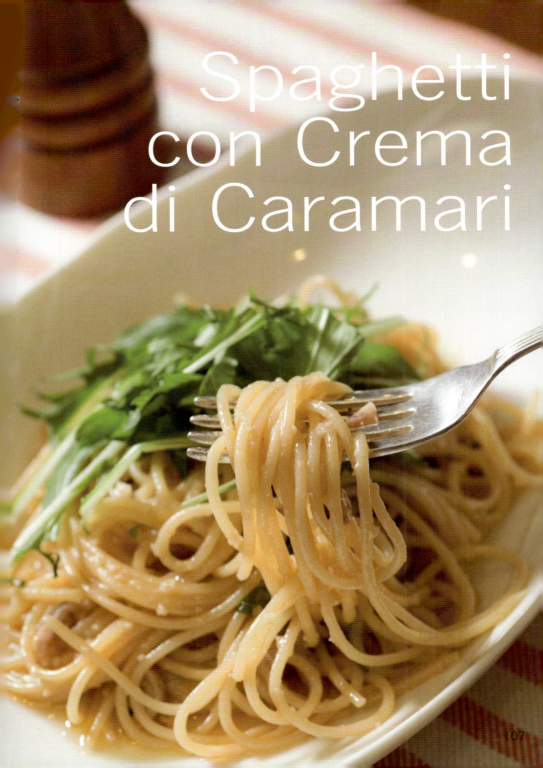

Part 6 Pasta e Riso

明太子とキャベツの ペペロンチーノ

冷蔵庫のコレで!

魚介類

野菜

明太子は日本の特産物で、明太子スパゲッティは全国津々浦々馴染み深いメニューです。〆の一品にもぴったりの塩気。オリーブオイルをたっぷり使ってイタリア風に仕上げてください。

‖ 材料 ‖ (1人分)

明太子……………………………ひと腹分
キャベツ……………………………1/8個
スパゲッティ………………………100g
ガーリックオイル (P.44)…………大さじ1
唐辛子オイル (P.44)………………小さじ1

‖ 作り方 ‖

❶ スパゲッティとキャベツを一緒に茹でる。
❷ フライパンにガーリックオイルを熱し、袋から絞りだした明太子を加える。
❸ 水気を残したままのスパゲッティとキャベツをフライパンに移す。
❹ 強火で乳化させるように、炒め和える。

Consigli dello chef

お土産やイタリアフェアなどでイタリアの特産物ボッタルガ (カラスミ) の粉末を入手できたら明太子の代わりに使ってみましょう! 本格的なイタリアンになります!

野沢菜のパスタ

冷蔵庫のコレで!

漬物

〆の炭水化物も、野沢菜などの漬物と一緒なら、
胃にもたれないあっさり系に仕上がります。
オリーブオイルを加えて、風味よく仕上げてください。

‖ 材料 ‖(1人分)
野沢菜漬け ………………………カップ1ほど
スパゲッティ ………………………………100g
オリーブオイル…………………………大さじ2

‖ 作り方 ‖
❶スパゲッティは茹でる。
❷フライパンにオリーブオイルを熱し、細かく刻んだ野沢菜漬けを入れて炒める。
❸水気を残したままのスパゲティを②入れる。
❹強火で乳化させるように、炒め和える。

Consigli dello chef
野沢菜のほか、たくあん、キュウリ漬け、ナス漬け、すぐき漬け、柴漬けなどを使っても。大きいものは細切りやみじん切りにするとパスタと和えやすいですよ。

Semplici ricette
con ingredienti
che avete
nel frigorifero.

Osteria La Buca di Mita

横山 修治
オステリア ラ ブーカ ディ ミタ
オーナーシェフ

横浜市出身。25歳でイタリア料理の道へ。1999年渡伊。マルケ州のレストランで修業ののち、イタリア全土を食べ歩く。都内有名店などを経て、2013年、東京都港区、慶応仲通商店街（田町駅すぐ）にて開店。

オステリア ラ ブーカ ディ ミタ
東京都港区芝 5-21-15
（慶応仲通り商店街内）
TEL：03-6809-6079
https://www.la-buca.tokyo/

冷蔵庫まるごとイタリアン

2017年5月26日　初版第一刷発行

著者	横山 修治
デザイン	夏野 秀信・松井 陽香（エディグラフィック）
写真	山田 つとむ（サンタ・クリエイト）
スタイリング協力	夏野 まゆこ ＆ 八雲
編集	杉本 多恵

Special Thanks to:　ディヴィーノ株式会社
Umberto Pignatiello
長 ゆりえ

発行者　　　佐野 裕
発行所　　　トランスワールドジャパン株式会社
　　　　　　〒150-0001
　　　　　　東京都渋谷区神宮前 6-34-15　モンターナビル
　　　　　　TEL：03-5778-8599　FAX：03-5778-8743

印刷所　　　日経印刷株式会社

Printed in Japan　©Transworld Japan Inc.2017　ISBN978-4-86256-201-2

◆定価はカバーに表示されています。
◆本書の全部または一部を著作権法上の範囲を超えて無断で複写、複製、転載、あるいはファイルに落とすことを禁じます。
◆乱丁・落丁の場合は、弊社出版営業部までお送りください。送料当社負担にてお取り替えいたします。

トランスワールドジャパンの
最新情報は
各公式をフォロー＆
いいね！でチェック

公式Facebook

公式Twitter